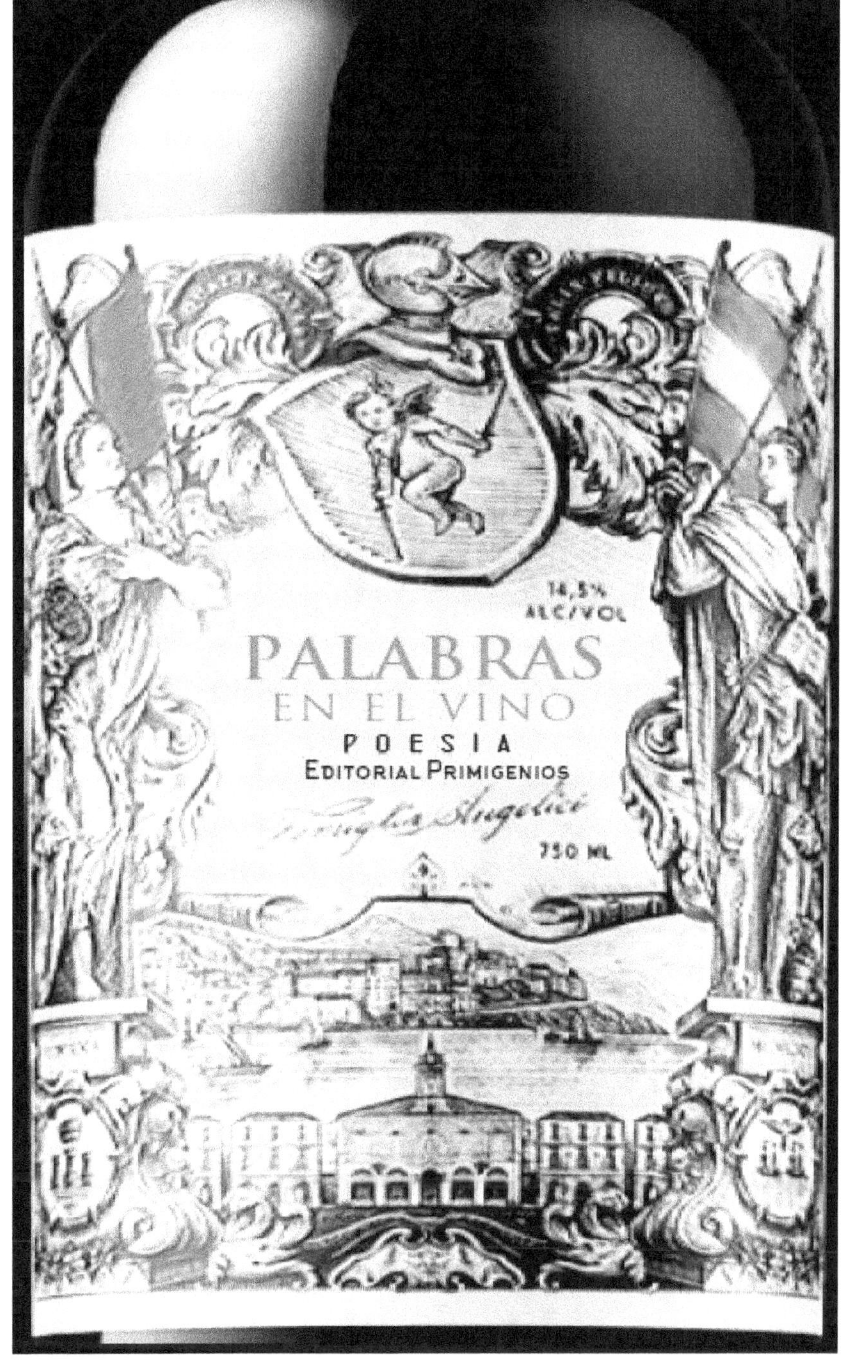
14,5%
ALC/VOL
PALABRAS
EN EL VINO
POESIA
EDITORIAL PRIMIGENIOS
750 ML

ALEJANDRO TOMÁS ROMAN OLIVERA

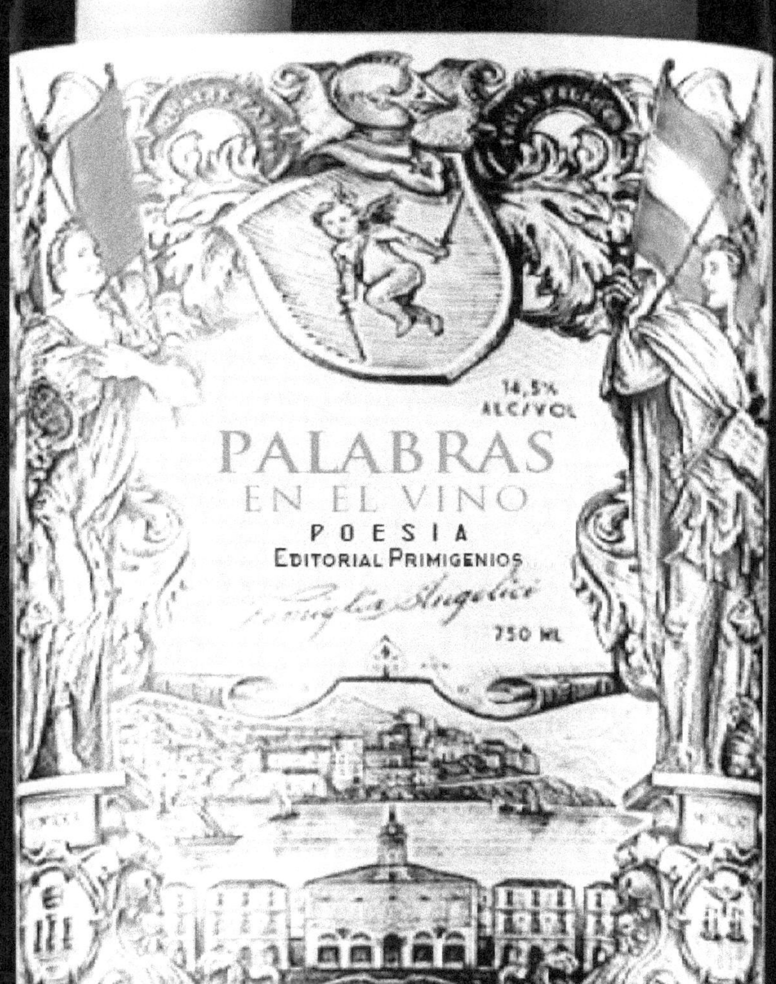

Primera edición, Miami, 2022

ISBN: 9798826309773

Edita: Editorial Primigenios
Miami, Florida.
Correo electrónico: editorialprimigenios@yahoo.com
Sitio web: https://editorialprimigenios.org

Edición y maquetación: Eduardo René Casanova Ealo

A Dios todopoderoso,
a mi familia
y amigos.

Palabras en el vino

He transitado las estepas
con la esperanza de encontrarte,
las palabras de la multitud
me vuelven arena.

Mi dermis
se deshace en el viento
y ya no quedan nubes
para alimentar la fe.

Cuervos entonan un vals,
entonces la veo con sus brazos extendidos
Jerusalén me abraza;
despierto en el fuego de sus labios.

Una brisa suave renueva mi voz
cual efusión de Espíritu,
su sangre corre dentro de mí
como un río.

Sin poder callar, comienzo a hablar en lenguas
escruto mi ser;
ya no hay heridas en el paisaje.

Bardos en germen

A los poetas de la Estrella en Germen.

Han gastado sus pies de escalar
el pico negro de las hogueras,
tiempo circular de los que permanecen en el perímetro.

Tiempo roto que se escurre en la edad,
de la sangre dibujada en las losas;
ese lugar parecido al café donde se beben los muertos.

Losas,
para cubrir la neblina de su raza.

Autorretrato

A Yanira Marimón

Mis poemas arden
como ríos agrestes en movimiento.

Son solo la consecuencia de querer
saltar la cerca del caos,
e ir en busca de la voz que hace jirones
los túmulos de la memoria.

Mis poemas,
fantasmas frente a espejos de otoño
que reflejan de mí,
ese exorcismo de cabezas sobre el papel.

Mis poemas son perros,
que lamen la miseria de los poetas.

Nueve quince

A Idiel García

Aún estoy delante de la barrera
pidiendo un poco de luz para abrazar la noche,
un poco de pólvora para el primer disparo.
Aún estoy entremezclado entre las voces que aguardan.

Embocar el balón entre las redes es difícil,
sobre todo cuando no hay
ruleta que nos salve.

Embocar el balón,
construir imágenes con el místico temblor de ciudades
ajenas.

Ciudades donde aguardan los elegidos
que escribirán sobre la herida
el rumbo hacia lo ignoto.

Aún estoy
parado junto a las semillas donde crecen las puertas,
pero debes silbar.

Arte poética

Caen como jauría
voces de hormigón,
promesas
en el fondo de los domingos.

Sobre cualquier viernes
que pretendió cerrar los ojos
para mostrar el derrumbe de los puntales;
lo real
sobre el cuerpo liso.

Edith Piaf y yo bailamos

Te busqué entre mis lejanías,
en las portadas de ahorcados
que colmaron tu nombre.

En el ave indócil
que arremetió contra los espejos,
gendarmes de humo
con mendigos a cuestas.

De pronto fue París,
y las arpas lloraron
al ver los cántaros vacíos.

Juro que te busqué
en todas las estaciones.

Opus para un desencuentro

Un piano aguarda
por las manos que tocarán tu imagen.

La puerta se abre
y me siento en la banqueta,
se hunden los dedos en el amanecer:
esa muchacha que habita
en mis espejos
como una premonición.

Así comienza marzo a fluir
en las venas de una partitura,
poco importan las barriadas ni las piedras
si cada nota invoca tu cuerpo.

La música recuerda aquel sendero
donde fui tocado alguna vez.

Finalmente:
mi cuerpo se marcha bemol por los pasillos,
el movimiento termina.

Alba que habitas, entona un tango o un temblor.
Guía las piedras del ser sobre mí.
Quiébrame contra las horas, clávame contra el universo.
Que nadie escape, que nadie llueva
tu dolor de taberna, mi dolor de cruz.
Que aguarden con sobriedad bajo un candil o una pirámide.
Que te reescriban en la espera
como a una playa de marfil.
Que naveguen desde el faro tu silencio
cuando el alcatraz traiga en su pico la costumbre.
Tú seguirás hilando la niebla con nuestros pechos.
Que no toquen puerto, alba que lates
si no sangran también.

Páginas de viernes

A los poetas del espacio Páginas de Viernes.

Marchan hacia donde duelen los cuchillos
siguiendo el extraño libreto de las palabras,
encalladas en el mítico arabesco de los días.

Días que se agolpan en pórticos de dolor
voces que mojan su afilada cruz
sobre el ocaso.

Días que estallan en los días,
raudales que cruzan el silencio en un pedazo de papel.

Marchan sobre la arena inmóvil,
cicatrices sin regreso al pan;
sin regreso a sí.

Habitáculo

Pronuncio evocaciones
como espadas al pie de un monasterio.

Las piedras estallan
el adiós florecido el adiós florecido de un tiempo visceral
que cegará los ciclos de mis muertes.

Prosigo en pos del círculo que traerán los espejos,
para mirar la ciudad de mis entrañas;
orillas crepitando en el rompiente
de quien nunca regresa.

INSIDE

Hay un lugar
donde la lluvia nos moja el fin,
donde convergen los puentes,
y el hombre
olvida las devastaciones del mundo
que le habita.

Hay un lugar que nos recuerda
el aposento de los naufragios,
cuando decidimos andar.

LICANTROPÍA

A Jorge Luis Mederos y a Yamila.

En algún lugar
se escucha el fluir de la sangre,
los gritos de los juncos
van conformando el eco.

El dolor inunda la capa vegetal
de nuestras sienes desgarradas
por los cuervos que se confunden en la ciudad.

Los arbustos cubren sus partes
al ver los novios comiendo salmón,
que arqueados enarbolan la esbeltez
de sus espigas de carne.

Solo quedó Mederos,
una espiga en forma de Y
y el Poema del Lobo.

Reminiscencias

Aun retumban en los muros
los ecos de la ciudad dormida,
esa niña adolescente
que nos divisa desde el polvo.

Los actos como pasadizos
de otros aires que se pierden
en la edad.

Nombres en sueños de canela,
a punto de bullir
en el intersticio de la noche.

Aun retumban en el tiempo,
las profecías que nunca habitaron nuestras luces.

SQUARES

Plazas infinitas en el espacio mudo
descubren nuestra esencia espectral,
ese pincel donde emergen todas las guerras.

Plazas como voces insondables,
niebla inconfundible
de las emboscadas que aguardan desde el balcón.

Escondidas en la acústica de la tarde,
piedras marchitas que nos hacen fantasmas;
recuerdos de lo táctil.

Hechas con la tinta del insomnio,
amenazan reescribirnos en la página.

Predicción

Estallará la verdad sobre el agua.
La ciudad será un grito de multitudes,
aldabón
para los cuerpos.
Mañana es probable
que las piedras rasguen el sol
con la tinta de morir.
Mañana la ciudad será un oscuro campanario
en la cripta de las palabras.

Extraña combinación

Recuerdo el perfume de las notas
que dejaste en mi nube,
era de tarde en el Bronx
el té quemaba los colores.

En ese instante me convertí en lluvia,
y mi alter ego rozó tu encanto.

Busqué el resplandor que dejaste
pero solo encontré viejos fantasmas.

Para escapar de la predicción
que me hacia una silueta de apellido Pizarnik,
tomé una copa de Jazz.

Estado de equilibrio

Ahora que la pluma no escribe,
bebe esa voz
que navega el cauce de tu universo.

La humanidad implora esa canción
de lunas dormidas sobre el azar.

La humanidad,
espera el toque cálido que descubra
los pájaros de antiguas inquietudes.

Inquietudes tejidas
con las fibras de otros mundos.

Ahora que la pluma no escribe,
desata los ecos y aquieta el espíritu
sobre las viejas paredes;
esa humanidad de canes ciegos
que ladran tu sangre desde el papel.

PARTIDA DOBLE

Por estos días
contemplo el grito de los cerezos,
un arroyuelo de sangre
sobre el mástil.

Recojo el polvo del portal
con los menguantes que dejaste en mis paredes.

Navego el cauce del dolor
con los aullidos que cubren las lápidas,
autos detenidos en los cláxones de un nuevo día.

Hurgo en la sinfonía de huesos
para ver si encuentro la estación
donde dejaste mi cruz,
mientras fumabas mi muerte al pie del flamboyán.

Nada existe
excepto una ciudad bajo tu piel,
donde ensalman cuerpos de bambú;[1]
cuerpos que amanecen
colgados a destiempo.

---

[1] *El tercer verso final pertenece a la poetisa Irina Ojeda.

El hombre

A Frank Abel Dopico

El hombre es una diapositiva
que esboza dramas en el aire,
un grito cinematográfico
a la vera de cualquier perfil.

Lleva la memoria en los ojos
como una yuxtaposición de vitrales
que se le clavan en la voz.

Se toca el pecho
y descubre altares invisibles después de la humedad.

Luego, transita desnudo por Infanta
sin más malecón que las hendijas del abrevadero.

Recuesta su cabeza a la orilla de alguien
aunque sean corrientes de un mismo río,
en medio de la fugacidad y las vísceras;
techo inmóvil de cada día.

El hombre matiza su réquiem
creando acordes en la impronta de los acertijos
que se inventa,
para transitar los rápidos
de todas sus muertes.

Reminiscencias

UN VIAJERO SOBRE TUS OJOS DE AGUA

A Deborah García

Ayer te encontré sobre mi arena
y permanecí
como el tiempo que se derrama en la piel.

Hoy clavé mis ojos en tus espadas,
húmedas como el canto de los marineros.

Tú gravitas en mis ocres como un mar
de velas danzando en los muelles.

Tus pies tejen la noche
sobre el mástil que no soy,
así es dulce permanecer
espumando los vértigos de tus guerras;
en las ventanas de luz
donde te sueño.

Solo me resta pedirte que salgas al balcón
muchacha de eclipses y toga de azahar,
para mostrarte los riscos donde se disuelven
nuestros viejos contornos.

Como trenes perdidos

A Mailén Domínguez

Las bibliotecas traen consigo el mar
y las ciudades de aires ambiguos,
donde se pueden compartir vicios incurables.

Las bibliotecas tienen esa expresión
de agua multiforme
que baña nuestros años,
con la breve impronta de las palabras.

Son paredones para los cuerpos que se lanzan a la aventura
del fuego alucinado,
que guardan los poemas de sangre.

Ese golpe fatal
atesorado en los estantes,
de nuestro eterno retorno.

CIRCUNSTANCIAS

A Bertha Caluff

Aguardan sobre el brocal.

Unos pintan los parques con sus censuras
otros, de versos entrecortados
ladran haikus a la Caluff.

Pretenden atravesar la Siberia
mientras sus amos se juegan
los instintos para no repetirse.

Tú,
fuiste la única que alimentó sus bocas con salmos.

Tú,
fuiste el vitral que los cubrió del sol
que amenazaba perpetuarlos en el tiempo.

Ahora ellos han decidido excluirte,
y no has tenido más azar
que evadir a los lobos.

A pesar de la escasa comida,
tiras del trineo como la primera vez.

Desnuda

A Lisy García

Nunca hubo una foto cubriéndote la piel.

Ni siquiera pasó el hombre que esperabas
por las calles de tu sexo.

Nunca hubo olas para mecer la ciudad
donde nacen arroyos
de entre tus piernas.

Tal vez esa fue la razón,
por la que colgaron cuerpos sobre la sal
de vestidos largos.

Tal vez esa fue la razón,
por la que bebiste de la última botella
y lanzaste terribles aullidos sobre ti;
invocando las marionetas de la tarde
en la humedad de espejos rotos.

En algún lugar de la tierra

A Laritza Fuentes

Las novias aguardan la crecida de la noche.

No precisan del espejo social
para construir los capiteles de su mundo.

Es cierto que la ciudad se muere en los surcos
donde no hubo cosecha.

Es cierto que el dolor
se esparce entre las cenizas de las calles.

Ahora que mis manos tiemblan
clamo a ti,
para que ríos de agua viva inunden
los corazones tocados por el vino.

Ahora que el río arremete contra la cerrazón
de los idiotas,
te pido que ices las velas
y pongas rumbo fijo a nuestra isla
para que la piedra no evoque pájaros sobre el asfalto,
ni los tiempos se conviertan en estatuas de muerte.

Y no tengamos que escribir;
lo que se sufre ante una muchacha.[2]

---

[2]*El último verso pertenece a la poetisa: Laritza Fuentes.

Cuerda floja

A Gleyvis Coro

Hay un hombre en la puerta de la iglesia
con algo circular entre sus manos.

Hay un hombre de tenue voz
y a tu madre no parece importarle.

Bien sé que si pudieras soñar,
desearías que viniera a él
un exorcista mientras lee el periódico.

Bien sé que en ocasiones
asumes una pose feliz
en torno al equilibrio espiritual.

También sé que te desnudas
a pesar de que las noticias son cada día peores,
que habitas en el borde
de una sopa instantánea y que esperas
el abrazo de cualquier extraño,
desnuda.

CÁNTICO MEDIEVAL

A Kenia Leiva.

Aún contemplo tu imagen
y no sé qué hacer con las fieras
que yacen en la memoria.

Aun no sé qué hacer con el invierno
de esta prisa sutil
emergida de los puentes y las premoniciones.

La ciudad construye dédalos
con vestigios de sombras
para evadir la oscuridad
y las bestias de un tiempo innombrable.

Las palomas miran con asombro
las palomas brotadas de mí,
a pesar de los signos abstractos que suponen
las lejanías.

Las inmensas lejanías
de tu sombra grabada en los muros disonantes,
de este velero de espuma
que se deshace mirando el horizonte.

MUCHACHA DE SOMBRAS

A Náyris Fernández

Ya no eres una mujer que busca la luz.
Ahora llevas la ausencia
como un soplo definitivo.

Ahora yaces bajo la llovizna de Aranjuez,
fruto de esa irrealidad
que acompasan tus huellas.

Nunca estuviste
tan perdida en el gris de los amigos,
nunca más presa en el abrazo ausente.

El abrazo dibujado sobre las geografías de tus inquietudes,
sobre las plazas donde eres una fabulación de ti.

Una fabulación de sombra dibujada en las manos,
del tiempo que te nombra.

Nuevas sensaciones

A Liudmila Quincoses

Llueves sobre las palabras y las noches.
Como una cruz,
pernoctas en un tocador
de aguas muertas.

Aguas donde el reflejo de la tarde,
construye arcos que arremolinan
el paso de los hombres.

El antiguo paso de la soledad
que murmura en el río
de cuerpos agazapados,
bajo la extraña ficción;
de una niña que canta.

YO SÍ PUEDO COMPRENDER LO QUE TE AJUSTA

A Aymara Aymerich

Ahora que nadie canta para ti
prometo ser tu arcano
y adornar tus oídos con melodías de Bach.

Es posible que mi voz no tenga el swing
de tus pantalones de mezclilla,
y que no sepa caminar sobre los venablos de nuevas voces.

Es posible
que mis harapos no entiendan tus infinitivos
brotados de cada bocanada de humo,
de cada resplandor donde aconteces.

Tampoco pretendo caminar
desnudo por tu sangre
ni cambiar tus tiempos.

Porque en aquella ocasión,
el lirismo fue una ofrenda efímera;
hostigando tus oídos con total desfachatez.[3]

[3]*El último verso pertenece a la poetisa Aymara Aymerich

Centelleo en la cumbre

A Irina Ojeda

El gladiador
yace en el ruedo de tus piernas.

Se desliza
en busca de las luces que emergen de tus pechos,
incienso dormido
en el viernes que no existes.

Mira a través del mar
y descubre el temblor de una mujer,
de una hoja que aguarda en la luz;
el centelleo de su cumbre.

Discontinuidad bajo estrellas fijas

A Legna Rodríguez

Ha quedado dormida otra vez
al pie de los oréganos.

Su madre la busca en la infinitud del triángulo,
de esa era de estatuas in convergentes.

Ella yace
sobre el polvo de las cosas,
en un sueño tridimensional
que traspasa los límites del sueño.

Es fruto de la discontinuidad de las semillas
crecidas en los orgasmos que ignoran la lluvia.

Busca la paz en Janes Joplin,
en esa necesidad de ser
un gusano para orillarse sobre la paz
de algunos animales que habitan;
al pie de los oréganos.

Sueño habitual

A Georgina Herrera

El revés puede deshacernos en pedazos.

La página invertida,
como fiebre de un concepto banal
del que no somos parte.

Por eso llevamos las sutiles bromas en el pecho,
y la esperanza de nuevos lentes.

Nuevos caminos para mirar el horizonte,
con el canto y la cruz.

A pesar de que el pálido sartén,
sea tan solo el sitio
de este leve mapa.

Mujer con dientes de mar

A Nancy Morejón

Tú eres la dama de los perros.

La que atraviesa las murallas
y los caserones
con el fuego emergido de la fuente.

Árbol
para los cuerpos que se mecen en el mar
que trae la noche,
esa jauría de cabezas
que glosa los vientos.

Cuando el tiempo es apenas

A Fina García Marruz

Uno retorna a la vieja casa,
a la nada perdurable
con los pasos cansados de transitar
el óleo de los días.

Intenta explicar esa lumbre,
pero la memoria no encuentra el pasamanos.

Uno siente la voz
que ilumina nuestra era como un flash
mientras nuestro espíritu se esparce en el corredor.

Ese trigal de misterio
que atesora nuestra juventud.

Como pétalos que huyen

A Rafaela Chacón Nardi

Hay un cuerpo que se asoma
a los puñales de invierno.

Un leve crepitar
de agua sobre el horizonte
que destroza las manos.

Hay una cruz
que gime sobre las cicatrices
de nuestras súbitas cruzadas.

Pared humana

A Mirta Yanez

No pretendo de ti
la esencia y la palabra.

Ni las conjeturas de esas páginas distantes
de tu invierno sin estrellas.

Tampoco las avenidas de tus versos detenidos
sobre mi gastado perfil,
sombra de mármol.

Tan solo aguardo los ciclos
de esa pared que te deshace
cuando las luces se apagan.

SERPIENTES Y LUCES

A Reina María Rodríguez

Hay una cruz en medio del desierto,
una mujer que aguarda la atención de su hombre.

Ella
ha colgado un cartel
sobre el pináculo de su soledad.

Hay una mujer que sale cada día
con migajas de pan en las manos,
pero a los hombres no parece importarle.

Entonces
evoca a Marilyn,
la fiel amiga de todas sus guerras.

Musas del puerto

A Marilyn Bobes

Las poetisas desandan la ciudad
con su mito de siervas
ante estéticas de hombres.

Tocan la flauta,
y lo místico comienza a fluir
en los corredores como un valle;
ese resplandor animal
con que asesinan los pájaros donde se mecen.

Cálidas obsesiones

a Katia Gutiérrez

Todo puede conducirme a la desnudez
de tu espacio medieval.

Tu cuerpo es una sinfonía de islas
que se descubren ante la pobreza del ser,
un hombre de espaldas a tu universo.

Algo puede comenzar a dibujarse
en las estancias de nuevas obsesiones.

Algo que es nube sobre la respiración agitada,
sobre el tiempo que no fuimos.

Un hombre puede tirar del fuego y la palabra
hasta quemarse en la noche.

Un hombre puede beber de los acantilados
aunque a veces encalle en el compás,
del tiempo infinito que abandona.

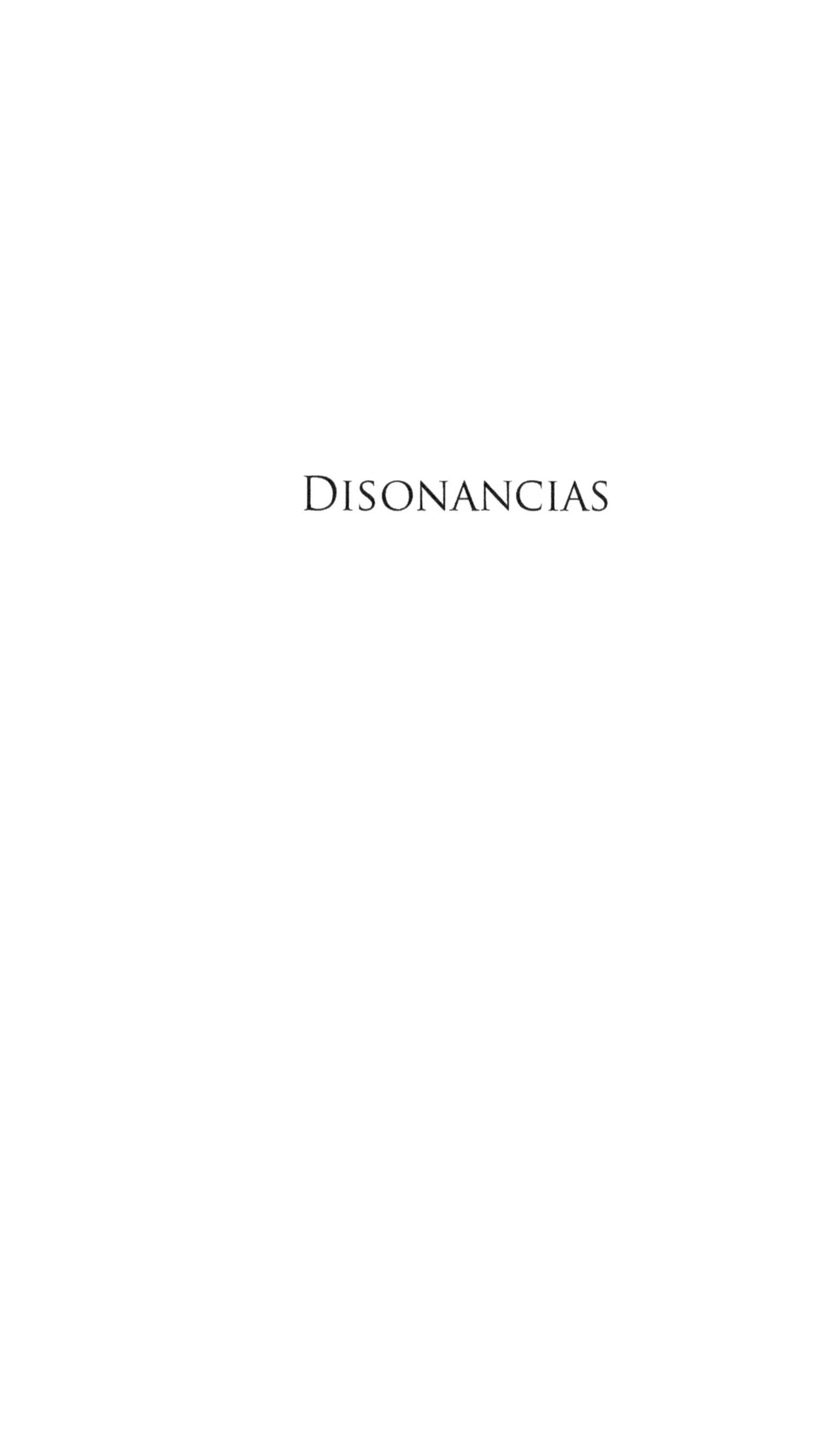

Disonancias

Perros

Cualquiera que observe a ese perro
lo confundirá con un río que arremete
contra los nombres.

Sentirá un disparo en la sien
poco antes de escribir sobre el azogue.

Es semejante a un cielo sin constelaciones
que orina cerveza.

Será un kamikaze de las avenidas,
esperando con gran entusiasmo
un trocito de pan.

Poema antivectorial

A José Antonio Escudero

Un amigo tocó la aldaba de los parques.

Prendió luceros en los ojos de las nórdicas
con la esperanza de explorar
acentos ajenos al sitio de la campaña.

Mi amigo de ébano nunca aprendió inglés,
quizás porque ellas prefieren posar
su soledad en cualquier muerte;
en cualquier hombre que lleve en sus nudillos
la marca del tiempo.

La marca de los 90
tatuada en el pecho como una calle sin adoquines,
lágrima de Dios
sobre las treinta monedas de las foráneas.

Mi amigo escribe su realidad sobre la razón.

La misma que construye telares,
para tejer las camisas de los deshabitados.

Girls

Esta será la página
donde se escribirán muchachas,
monedas rotas en el éter
de cualquier domingo.

Para los cuerpos que se entregan
en busca de cualquier diapasón.

Donde las manzanas dejarán de ser insultos,
y los golpes un arpa
en el remanso de las mejillas.

Esta será la página
donde alguien pintará la humedad con las agujas
que simplemente apuntan al Norte.

Fin de mes

Una tenue luz
Ilumina lo que pudo ser el pan,
el oficio no alcanza para escapar de la red.

El oficio:
sangre con la que percutimos la máquina de escribir
al calor de las velas,
dédalos
en los inmensos corredores de una vida sin edición.

Una tenue luz, descubre perros;
ladrando el polvo de nuestro vientre.

GOOD MOTHER

Muchas veces te vi en las alcantarillas
buscando tu otra mitad.

Sucia,
entre cientos de billetes que sonríen.

Muchas veces,
en las puertas del Ministerio de Trabajo y Seguridad Social
buscando trigo.

Pero ellos dicen que estás loca
que las locas no sirven,
y entonces recuerdas que eres una loca buena
que está buena
y sales a luchar.

Para ese niño que espera en la tarde
el fruto de tus piernas.

El noble fruto.

Buenos muchachos

Hay que hacer una tarja.

Por suerte,
las ventanas del politécnico esperan.

Tú me vas a llamar a las seis
de uno de los inalámbricos del parque,
entonces comenzaremos a esculpir la historia con las manos.

Cuando todo esté listo
llamaremos a todos los actores sociales,
y si por casualidad nos censuran
pensaremos con cariño en el Castillo de If.

En el juicio expondremos,
que el móvil fue tan solo sociocultural.

Ruta tres

Hace tiempo observé como caía un joven
de lo alto de un ómnibus,
mientras otros intentaban ascender
hacia la escarpada cima.

Nos debatimos entre caídas y ascensos
en medio de esta parvedad
que nos dibuja negros puentes.

Puentes donde las palomas no se posan
y la noche intenta desplazar el amanecer
con la metralla verbal
de: ´´lo mío primero´´.

Lo construido entre todos
es óleo posterior.

Ahora construimos selvas.

Transculturación

No tendrás dioses ajenos delante de mí.
Exodo 20:3

Aún están
iluminando la sangre con las velas.
Mirando el cuerpo con ojos de pólvora,
aguardando el latido de la osamenta de carne
que yace sobre el asfalto.

Consagrando la armazón con sus ritos,
tupidos farallones
como ciclos de un credo mortal.

Con sus manos percutiendo serpientes,
horcas de medianoche
por las higueras de oscuridad.

Comiendo las vísceras
de sus propios cuerpos,
en medio del humo y el licor.

Bajo el metal de los días

Ante el sopor de la ciudad,
vamos muriendo
como hippies
que no conocen la pascua.

Los bancos son nuestro hogar,
y la gente el cazador
que siempre nos apunta con sus comentarios.

Así transcurren los días
desde cualquier palco,
desde cualquier persiana nace un torrente.

Algo nos arrolla en su motocicleta.

Workers

A los obreros argentinos.

Todas las campanas deberían ser crepúsculos
para morder la luz.

Deberían ser fusibles para controlar el tiempo
y echar a andar las máquinas,
ese telar de cruces
de los que hilan cada día el pan.

Campanas como arcos en las horas,
a la vera de jinetes diestros
que cuelgan en otros árboles.

Campanas apuntando al sol,
oro de sangre en manos muertas.

Todas las campanas deberían ser arpones
para punzar la luz.

Playa de sangre

A los desaparecidos del Paraguay

Por estos días aún se escucha el crujir,
hombres de espuma roja
después del pájaro de plomo.

El faro proyecta heridas sobre los arrecifes,
nombres de los que yacen desmembrados en el surco del aire.

Las fábricas lloran
por la metralla que contaminó la luz,
implacable conjuro de cifras desnudas.

Las fábricas son esc poema grande
que vive en el corazón de un país,
y que tira de las riendas de su caballo inmortal,
desafiando al sastre de la muerte
con las tijeras de Dios.

Por estos días,
Strossner es tan solo un cuerpo;
de pálidos colores humillados.

Mundo de papel

Apuesta bajo las cenizas
 es la línea,
aspa de incertidumbre
que nos devuelve desnudos;
como números impares
ante la serie del destino.

Es la viñeta infernal de versos
bajo el escuálido farol
del consejo editorial.

Alta columna inatrapable.[4]

[4]*El último verso es de la poetisa: Ana luz García Calzada

Lisandra

A mi novia muerta

Esta es la rivera
donde esculpí tu espíritu.
No me quedaré escuchando el graznido del pájaro de
mármol.
No teñirá tu sangre el amanecer
sin que el viento teja un laúd sobre el césped.

Un rumor de brazos cristalinos.

Trovuntivitis

Solo queda
bañarse en las noches de este destino,
y permanecer inmóvil
a la espera de otro jueves.

Buscar la plenitud
en el convite de una canción,
que estremezca nuestro ser
con un vicio feliz.

Esperarnos en las luces,
de un sonido que miente.

DIÁSPORA

nos estamos reponiendo de una guerra.

LEVIS ALIAGA

Tantas veces
convidados a la falsedad de los caminos.
Colgando en la pared,
vientre del primer pacto;
promesas de amargas certitud
que nos develan las saetas
de nuestros propios miedos.

Cavando con la pala de nuestras derrotas
carne adentro,
para salvarnos otra vez
del mar que escribirá la historia.

Tantas veces a las puertas de un país
que de tanto gotear,
llueve dudas por el grifo.

Del autor

Alejandro Tomás Roman Olivera. Santa Clara, 1987. Poeta. Miembro de la Asociación Hermanos Saíz. Licenciado en Estudios Socioculturales. En 2017 obtuvo Premio en Décima en el Encuentro Debate Provincial de Talleres Literarios y Mención en poesía a nivel provincial. Textos suyos aparecen publicados en las revistas Brotes, La Jiribilla, Amnios, La Gaveta, El Caimán Barbudo, El Correo de la Noche y Casa de las Américas. Incluido en *La necedad de las truchas*, antología de poetas cubanos y mexicanos, además de la antología del grupo literario La Estrella en Germen, publicada por el sello editorial Sed de Belleza en 2018.

Índice

LISTADO DE TÍTULOS Y PRECIOS DE EDITORIAL PRIMIGENIOS

1. *1932, Dios, revolución y libertad*. Poesía. Carlos Salina Granda (Perú). $5.99
2. *1968 y el cine, Memorias del 3er Encuentro de la crítica cinematográfica*. Compilación de Pedro R. Noa. $9.99
3. *A la sombra del mediodía*. Poesía. Luis de la Cruz Pérez Rodríguez. $7.99
4. *A quién pregunto por mí*. Poesía. Andrea García Molina. $12.99
5. *A veces, cuando el silencio*. Poesía. José Antonio Martínez Coronel. $9.99
6. *Abrazo a un búcaro sin flores*. Poesía. David Montero Figueredo. $6.99
7. *Actos en la tierra*. Poesía. Eduardo René Casanova Ealo. $5.99
8. *Adiós Rembrandt y otros relatos*. Colección de cuentos. Manuel Antonio Morales Felipe. $7.99
9. *Adoptando a Mini*. Novela ilustrada. Marié Rojas Tamayo. $7.99
10. *Agradecido entonces como un perro*. Poesía. Guillermo Hernández Montero. $5.99
11. *Al borde de las piedras*. Poesía. Yans González García. $5.99
12. *Al diablo el que me lo pida*. Narrativa. Nuris Quintero Cuellar. $5.80
13. *Al otro lado del mundo*. Poesía. Eduardo René Casanova Ealo.$5.99
14. *Al sur de los páramos*. Poesía. Miladis Hernández Acosta. $5.99
15. *Alas verdes*. Poesía. Lucy Barroso Hernández. $9.99
16. *Alguien está en las cenizas*. Novela. Marilú Rodríguez Castañeda. $9.99
17. *Alta Definición, antología de cuentos inspirados en los medios de comunicación audiovisual*. Barbarella D´Acevedo. $9.99
18. *Amalgama*. Poesía. Ileana Hernández Goicochea. $12.99
19. *A-Mar*. Novela. Marlene E. García. $5.99

20. *Amores difíciles*. Periodismo. Leonardo Depestre Cantony. $7.99
21. *Anita Mur*. Novela. Frank David Frías Rondón. $9.99
22. *Ante la misma puerta*. Poesía. Gilda Guimeras. $4.99
23. *Antes de amancebarme con la enana zíngara contorsionista.* Narrativa. Alberto Garrandés. $9.99
24. *Antología Memorable: poemas para no olvidar*. Poesía. Selección de Juan Carlos García Guridi. $7.99
25. *Antología Voces dispersas*: *Once mujeres poetas*. Poesía. Miladis Hernández Acosta e Ivonne Sánchez-Barrea. $7.99
26. *Aquellos ojos verdes*. Narrativa. José Luis Riverón Rodríguez. $7.99
27. *Arcos fracturados*. Narrativa. Manuel Roblejo Proenza. $5.99
28. *Autos de duda.* Poesía. Niurbis Soler Gómez. $5.99
29. *Bajo la rueca*. Narrativa. Luis de la Cruz Pérez Rodríguez. $5.99
30. *Bajo las órdenes del silencio*. Cuentos. Alejandro Martínez Sánchez. $7.99
31. *Balada de tus ojos*. Poesía. Ray Nelson Pons Días. $5.99
32. *Bestias del paraíso*. Poesía. Roberto Frank Valdés. $5.99
33. *Bitácora de un paria*. Poesía. Yerandy Pérez Aguilar. $12.99
34. *Blasfemia del escriba*. Cuentos. Alberto Guerra Naranjo. $11.99
35. *Breves estudios en torno a la soledad.* Poesía ilustrada. Esther Suárez Durán. $7.99
36. *Cabalgar la zoo-política: Aproximaciones a una posible revolución indoamericana pospandemia*. Ensayo. Carlos Salinas Granda. $5.99
37. *Cacería.* Narrativa. José Hugo Fernández. $7.99
38. *Cancionero español: (Álbum de covers) Volumen 1.* Narrativa. Alejandro Langape. $9.99
39. *Canto a mi cabeza loca (Dinámica del cuerpo)*. Poesía. Claudette Betancourt Cruz. $5.99
40. *Cartas a Leandro*. Narrativa. Ramón Díaz-Marzo. $9.99
41. *Casco de Dios*. Poesía ilustrada. Marié Rojas Tamayo. $9.99
42. *Cenizas al viento*. Cuentos. Teresa Medina Rodríguez. $9.99
43. *Círculos de agua: nacidos después de los 80*. Antología de cuentos. Dulce M. Sotolongo. $9.99
44. *Columpios de la suerte.* Poesía. Minerva Pérez Corcho. $5.99

45. *Como arrullo de tórtolas*. Poesía cristiana. José Luis Riverón Rodríguez.$7.99
46. *Como el río del tiempo: una mirada a la obra de Leonel Cobo a través del verso rimado*. Poesía y obras plásticas. José Luis Riverón Rodríguez. $15.00
47. *Como en un sueño, la vida*. Poesía. José Antonio Martínez Coronel. $5.99
48. *Como salir de un país*. Poesía. Ricardo López. $5.99
49. *Como una mancha de peces.* Narrativa infantil. Miguel Ángel González Pérez. $5.99
50. *Con ojos de piedra y agua.* Poesía. Ana Margarita Valdés Castillo. $5.99
51. *Con un par de alas tremendas: Sonetos de vuelo popular.* Poesía. Juan Carlos García Guridi. $5.50
52. *Concierto para Denysse.* Poesía. Luis Mariano (Lewis) Estrada Segura. $5.99
53. *Confesiones de mujer*. Poesía. Yasmín Sierra Montes. $5.99
54. *Conjuro de diamante.* Poesía. Juan Carlos Mirabal. $13.99
55. *Conjuro de diamantes*. Poesía. Juan Carlos Mirabal. $ 13.99 y $9.00
56. *Conspiración en La Habana*. Novel. Eduardo N. Cordoví Hernández. $19.99
57. *Corrimiento al rojo.* Poesía. Benito Martínez Martínez. $7.99
58. *Cosa más grande la vida!* Humor. José Luis Riverón Rodríguez. $7.99
59. *Cosas de un niño grande*. Infantil. Hebert Poll Gutiérrez. $5.99
60. *Cosas que vienen del cielo*. Narrativa. Yolanda Felicita Rodríguez Toledo. $10.00
61. *Criaturas*. Cuentos. Alex Schweg. $7.99
62. *Crónica de una matanza impune, Persecución y asesinato de emigrantes canarios en Cuba.* Ensayo. José Antonio Quintana García. $7.99
63. *Cruce de caminos.* Poesía. Antonio Santana Pérez. $7.99
64. *Cuando aparecen los elefantes.* Libro infantil ilustrado. Norge Sánchez. $9.99
65. *Cuando el dolor se convierte en palabra*. Poesía. Elizabeth Álvarez Hernández. $5.99

66. *Cuando me besan tus ojos*. Poesía. Félix Alexis Guerra Menéndez. $5.80
67. *Cuba en la calle*. Fotografías de la Cuba actual. Felipe Rouco Llompart. $24.99
68. *Cuba la revolución usurpada.* Ensayo. Oscar G. Otazo. $15.99
69. *Cuba y los fotógrafos viajeros: Desde 1841 a la actualidad.* Ensayo bibliográfico. Ramón Cabrales y Rufino del Valle Valdés. $12.99
70. Cuba: crónicas de a pie. Crónicas. Jesús Arencibia Lorenzo. $9.99
71. *Cuba... qué linda es Cuba.* Narrativa. Hebert Poll Gutiérrez.$7.99
72. *Cucumí no aparece en el internet*. Novela negra. F. P. Ray. $9.99
73. *Cuentos del abuelo*. Ilustrado. Fernando Baracaldo Alba. $7.99
74. *Cuentos e historias para la (des) memoria*. Narrativa. Oscar Montoto Mayor. $9.99
75. *Cuentos feroces.* Cuentos. Alina Moreno. $9.99
76. *Cuentos para crecer juntos*. Ilustrado. Marié Rojas Tamayo. $7.99
77. *Cuentos para soñar* (ilustrados). Narrativa. Sarah Graziella Respall Rojas. $19.99
78. *Cuentos, baladas y otras sospechas*. Cuentos. Luis Felipe Ruano. $23.oo
79. *Cuervos sobre el trigal*. Cuentos para adultos. Yasmín Sierra Montes. $7.99
80. *Cúmulos nimbos.* Poesía. Isbel G. $5.99
81. *Curvas sobre la superficie del objeto*. Poesía. Anisley Miraz Lladosa.$5.99
82. *De picha, y señor mío*. Narrativa. José Luis Riverón Rodríguez. $7.90
83. *De poesía y poetas*. Ensayo. Armando Landa Vázquez. $9.99
84. *Décima para mi princesa*. Poesía. Katia Pérez Padrón. $5.99
85. *Defensa siciliana 115 partidas magistrales*. Ajedrez. Félix Raúl Pérez Hernández. $12.99
86. *Desde mi ventana.* Poesía y relatos. Irene Castillo. $7.99
87. *Desnuda ante tus ojos*. Narrativa. Jenny Díaz Valdés. $5.99

88. *Después de la Caída*. Poesía. Miladis Hernández Acosta. $9.99
89. *Dientes de perro*. Crónicas. Manuel Pereira. 19.99
90. *Diez cuentos que estremecieron a Cuba.* Narrativa. Carlos Esquivel. $9.99
91. *Dodo danza sobre un dado*. Poesía. Sergio Trincado Torres. $14.99
92. *Donde anida el colibrí*. Narrativa. Zuleica Ruíz Peix. $6.00
93. *Donde el espejo no llega*. Poesía. José Antonio Martínez Coronel. $5.80
94. *Donde termina la mirada*. Poesía. Norge Sánchez. $12.03
95. *Dos libros de Guerra (escrito a cuatro manos*). Poesía. Félix Guerra Pulido y Félix Alexis Guerra Menéndez. $9.99
96. *Duendes del domingo*. Libro infantil ilustrado. Daimy Díaz Laborda. $10.99
97. *Dulce café.* Poesía. Rafael Vilches Proenza. $5.99
98. *E. A. Vol. 1 Breve antología del taller de literatura fantástica y de ciencia ficción "Espacio Abierto"*. Daniel Burguet y Abel Guelmes Roblejo. $9.99
99. *Ejercitar el criterio*. Crítica de narrativa. Waldo González López. $12.99
100. *El agua rota de los sueños*. Poesía. Alejandro Rejón Huchin. $5.99
101. *El ángel en la sombra.* Poesía. Raudel Sosa Pérez. $5.99
102. *El árbol de mi alma*. Poesía. Vivián Suárez García. $5.99
103. *El cacique Turquino*. Cuentos ilustrado. Norge Sánchez. $9.99
104. *El cagüeiro negro*. Narrativa. Eduardo Báez. $14.99
105. *El camino*. Literatura cristiana. Jesús Cardoso López. $7.99
106. *El carcaj pleno de colores*. Ensayo sobre la obra del pintor Domingo Ramos Enríquez. Ana Julia Gutiérrez Ulloa. $5.99
107. *El cocinero, el sommelier, el ladrón y su (s) amante (s).* Ensayo. Frank Padrón. $45.99
108. *El desventurado domingo de Dominga*. Libro ilustrado para niños. Noel Silva González. $12.99
109. *El dolor de ser vivo.* Poesía. Ronel González Sánchez. $7.99
110. *El eco del silencio*. Poesía. Teresa Medina Rodríguez. $9.99
111. *El fuego del ángel*. Poesía juvenil. Miladis Hernández Acosta. $5.99

112. *El fúnebre cantar del cisne blanco*. Poesía. Guillermina Consuelo Samsaricq González. $5.99
113. *El girasol.* Novela de ciencia ficción. Jonathan Sánchez. $7.99
114. *El heno a cuestas: crónica de un duet(l)o en torno a la comunidad.* Ensayo. José Luis González-Almeida. $13.99
115. *El idilio de los iguales*. Narrativa. Alberto González. $7.99
116. *El imperio del silencio: A través del lenguaje de las tumbas, un recorrido por el Cementerio Cristóbal Colón de La Habana.* Ensayo novelado. Mario Darias Mérida. $39.99
117. *El juego de la memoria. Poesía en décima.* Poesía. Alberto Edel Morales Fuentes. $13.99 (Tapa dura) y $7.99 (Tapa blanda)
118. *El legado de los Rep*. Ciencia Ficción. José R. Barbón Hernández. $7.99
119. *El legado de los Rep*. Novela ciencia ficción. José Ramón Barbón Hernández. $7.99
120. *El libro del caos.* Poesía. Francisco (Paco my friend) Guzmán Rivero. $7.99
121. *El maravilloso mundo de las libélulas*. Colección Eureka, ciencia y técnica. Jose M. Ramos Hernández. $7.99
122. *El maravilloso viaje de Kiko y ratón*. Narrativa. Manuel Roblejo Proenza. $5.99
123. *El marmolito mágico*. Juvenil. Gabriela Sánchez. $9.99
124. *El martillo de plata*. Juvenil. Lesbia de la Fé. $7.99
125. *El momento de las iniciaciones*. Poesía. Osmari Reyes García. $5.99
126. *El monasterio interior*. Poesía. José Antonio Martínez Coronel. $9.99
127. *El nacimiento de la conciencia histórica. Conferencias en la Universidad del aire dictadas por Maria Zambrana*. Daniel Céspedes Góngora. $5.99
128. *El onceno mandamiento.* Narrativa. Marié Rojas Tamayo. $10.99
129. *El personaje y su leyenda*. Historia. Leonardo Depestre Catony. $7.99
130. *El polvo rojo de la memoria*. Novela. Eduardo René Casanova Ealo. $5.99

131. *El puente y otros relatos*. Narrativa. Eduardo René Casanova Ealo. $5.99
132. *El que a buen humor se arrima, buen buena lo acobija.* Caricaturas. Ernesto Rodríguez Castro (Beli). $10.99
133. *El reino perdido de la Zapatucia*. Infantil. José Luis Riverón Rodríguez. $5.99
134. *El rosario del hombre de ceniza*. Poesía. Álex Padrón. $5.99
135. *El secreto de la luna*. Juvenil. Griselda Leonor Rodríguez Pimentel. $7.99
136. *El señor de las patas largas*. Narrativa infantil ilustrada. Nuris Quintero Cuellar. $14.99
137. *El silencio de los culpables*. Narrativa. Anisley Miraz Lladosa. $9.99
138. *El silencio que dicen*. Poesía. Abel German. $5.99
139. *El tiempo de la esperanza y otros cuentos*. Gisela Lovio Fernández. $11.99
140. *El tridente, décimas antológicas cubanas.* Poesía. Carlos Esquivel, J. L. Serrano y Ronel González. $15.99
141. *El triunfo de Eros*. Narrativa. Barbarella D´Acevedo. $9.99
142. *El último sol*. Poesía. Miroslaba Pérez Dopazo. $5.99
143. *El velo de la certeza*. Poesía. José Antonio Martínez Coronel. $5.99
144. *Embestidas de la piel*. Poesía. Odalys Leyva Rosabal. $5.99
145. *Emigrados de fondo*. Poesía. Fernando Lobaina Quiala. $4.99
146. *En el límite*. Narrativa. Maritza Vega Ortiz. $10.00
147. *En esta claridad está mi casa*. Poesía. Beatriz del Rosario Torrente Garcés. $6.99
148. *En este barrio no hay vampiros*. Novela. Luis Pacheco Granado. $7.99
149. *En la gruta del tiempo*. Narrativa. Felicia Hernández Lorenzo. $8.99
150. *En La Habana de ahora mismo, dos historias de Boston Franco.* Cuentos. Dagoberto José Valdés Rodríguez. $7.99
151. *En un raro lugar y otras historias.* Cuentos. Jeiddy Martínez Armas. $7.99
152. *Encrucijadas y naufragios.* Cuentos. José Valdés Rodríguez. $7.99
153. *Enigmas de la otra*. Poesía. Nuris Quintero Cuellar. $5.80

154. *Entre piropos, dichos y refranes.* Décima. Noelio Ramos Rodríguez. $6.99
155. *Eros*. Poesía. Armando Landa Vázquez. $5.99
156. *Es la hora de los hornos*. Poesía. Norge Sánchez. $5.99
157. *Escaras.* Poesía. José Alberto Nápoles. $5.99
158. *Escritos de un plumazo*. Narrativa. José Alberto Collazo. $7.50
159. *Estaba la pájara pinta.* Ensayo. José Antonio Martínez Coronel. $36.99
160. *Fábula del presunto cuerdo*. Narrativa. Edilberto Montecé. $7.99
161. *Fauna cavernícola*. Ensayo. José M. Ramos Hernández. $7.99
162. *Feria de máscaras.* Poesía. Yamilka González Pérez. $5.99
163. *Fiesta de rimas*. Poesía ilustrada para niños. Eliane Acosta Moreira. $11.99
164. *Filosofía política de la guerra.* Ensayo. Carlos Salinas Granda. $10.99
165. *Fragmentaciones de la luz*. Poesía. Luis Mariano Estrada (Lewis). $7.99
166. *Fragmentaciones del silencio*. Poesía. Ana Ivis Cáceres de la Cruz. $5.99
167. *Frederich Cepeda, la voluntad como primicia*. Ensayo. José Ramón Crespo Jiménez. $40.00 y $12.99
168. *Fruto Rojo.* Poesía. Ana Herminia Rodríguez. $5.99
169. *Gabriela en el espejo*. Cuentos ilustrados para niños. Norge Sánchez. $9.99
170. *Gabriela*. Infantil. Norge Sánchez. $5.99
171. *Gentes*. Cuentos. Roberto Peláez Romero. $7.99
172. *Germán pinta guaraparanganas*. Artes plásticas. Germán Molina. $11.99
173. *Gestos brutales.* Cuentos. José Alberto Velázquez
174. *Guijarros*. Poesía. Norge Sánchez. $4.99
175. *Habana cool*. Crónicas. José Hugo Fernández. $9.99
176. *Historia de amor.* Libro infantil ilustrado. Norge Sánchez. $9.99
177. *Historias en la almohada*. Poesía. Armando López Carralero.$8.65

178. *Hombre que escribe en banco sin parque*. Poesía. Ulises Hernández Expósito. $5.90
179. *Hombreriego*. Narrativa. Raúl Hernández Pérez. $5.99
180. *Hombres de rutina*. Narrativa. Marlon Duménigo. $5.99
181. *Huellas de una nación*. Fotografía. Yovanis González Elizalde. $5.99
182. *Insectos para principiantes*. Divulgación científica. José M. Ramos Hernández. $7.99
183. *Instantes en la memoria*. Poesía. Agustín Ramón Serrano. $5.99
184. *Jardín mecánico*. Poesía. Luis Alonso Cruz Álvarez. $7.99
185. *Jato*. Juvenil. Belkis Reyes Soto. $13.99
186. *Juan Pirindingo y otros cuentos*. Libro infantil ilustrado. Delsa López Lorenzo. $12.00
187. *Katabasis*. Cuentos. David Martínez Balsa. $ 7.99
188. *Kiko Pemba, espíritu del monte*. Poesía y fotografía. José Mederos Sigler. $15.99
189. *La acrobacia del minotauro*. Poesía. Jesús Machado Espinosa. $7.99
190. *La casa mía*. Infantil ilustrado. Alessandro Masoni. $9.99
191. *La catedral del Tiempo*. Narrativa. José Antonio Martínez Coronel. $10.50
192. *La corte de los lobos*. Narrativa. José Luis Riverón Rodríguez. $9.99
193. *La cosa roja*. Narrativa. Luis Felipe Ruano. $9.99
194. *La culpa no fue de Dios*. Narrativa. Andrea García Molina. $5.99
195. *La Estancia, apuntes y recuerdos de Albert Gagnon-Beyle*. Narrativa. Jesús Alberto Díaz Hernández. $9.99
196. *La fiesta de la reina ortografía*. Narrativa infantil. Ronel González Sánchez. $7.99
197. *La frágil memoria de la semana*. Poesía. Elizabeth Álvarez Hernández. $5.38
198. *La furia de los vientos*. Testimonio. Pedro Armando Junco. $12.99
199. *La Gallina golondrina*. Infantil ilustrado. Norge Sánchez. $9.99
200. *La gruta del lobo*. Narrativa. de Hamlet Gómez. $12.99

201. *La Habana convida. Antología poética por el 500 aniversario de la ciudad.* Eduardo René Casanova Ealo y 79 poetas. Edición de lujo. $70.00
202. *La Habana convida. Antología poética por el 500 aniversario de la ciudad.* Eduardo René Casanova Ealo y 79 poetas. Edición estándar. $15.99
203. *La Hechicera*. Narrativa. Yasmín Sierra Montes. $9.99
204. *La herencia de los buenos muertos, compilación de obras presentadas al Concurso Internacional de cuentos.* Compilación. Eduardo René Casanova Ealo. $19.00
205. *La isla de las hormigas rojas*. Poesía. Luis Mariano Estrada (Lewis). $5.99
206. *La isla del espanto y otros cuentos*. Narrativa. de Gisela Lovio. $12.99
207. *La isla preterida*. Poesía. Miladis Hernández Acosta. $23.60
208. *La Larga.* Narrativa. Ángel Osiris Milián. $15.99
209. *La luna frente al espejo*. Poesía. Luis Mariano Estrada (Lewis). $7.99
210. *La música del árbol*. Poesía. Adalberto Hechavarría Alonso. $6.99
211. *La oscura escalera*. Novela. Ramón Díaz-Marzo. $6.99
212. *La patria es una naranja.* Poesía. Félix Luis Viera.$8.99
213. *La peña de Horeb*. Poesía. José Antonio Martínez Coronel. $6.99
214. *La plaga en el valle del Belanús.* Novela. Manuel Quintero Pérez. $9.99
215. *La sangre del marabú*. Narrativa. Argenis Osorio Sánchez. $7.99
216. *La sombra de Sísifo*. Poesía. José Antonio Martínez Coronel. $5.99
217. *La sombra que pasa*. Poesía. Miladis Hernández Acosta. $7.99
218. *La veda del dinosaurio*. Narrativa. Edgar Estaco Jardón. $5.99
219. *La venganza del contrario*. Narrativa. Odalys Leyva Rosabal. $7.99
220. *La vida húmeda*. Cuentos. Carlos Alberto Casanova. $7.99
221. *La violencia para vivir, la muerte es el alivio*. Ensayo. Dr. Octavio Gárciga Ortega. $15.99

222. *La virgen sumergida o cómo mataron a Charo*. Narrativa. José Luis Riverón Rodríguez. Edición a todo color. $30.oo
223. *La virgen sumergida o cómo mataron a Charo*. Narrativa. José Luis Riverón Rodríguez. Edición estándar. $9.99
224. *Las arenas del tiempo.* Poesía. José Antonio Martínez Coronel. $5.80
225. *Las colinas de Potomac, antología mínima*. Poesía. Eduardo René Casanova Ealo. $15.99
226. *Las dunas de la espera*. Poesía. José Antonio Martínez Coronel. $5.58
227. *Las hadas calzan botas*. Poesía infantil ilustrada. Clara Lecuona Varela.$12.99
228. *Las Hijas de Sade*. Narrativa. Guillermo Vidal y Maria Liliana Celorrio. $9.99
229. *Las náufragas porfías.* Ensayo sobre la obra de Dulce María Loynaz de Miladis Hernández Acosta. $7.99
230. *Las rosas que mañana (un museo para Dulce María)*. Poesía. Mariana Enriqueta Pérez Pérez. $7.99
231. *Las sendas escabrosas*. Poesía. Yasmín Sierra Montes. $5.50
232. *Las tablillas de Diógenes*. Poesía. Eduardo René Casanova Ealo. $7.26
233. *Laurel y orégano, la hora en que no muere nadie*. Narrativa. Marié Rojas Tamayo. $19.99
234. *Laverna*. Poesía. J. W. Riter. $5.99
235. *Lengua de sapo, relatos hiperbreves*. Narrativa. Edgar Estaco. $9.99
236. *Levitas del siglo XXI*. Ensayo. José Luis Riverón Rodríguez. $7.99
237. *Libro de los prójimos*. Poesía. Miladis Hernández Acosta. $7.99
238. *Libro negro del desencantado*. Poesía. Eduardo René Casanova Ealo. $12.99
239. *Los años del principio*. Novela. José Gutiérrez Cabanas. $15.99
240. *Los blancos territorios, antología creciente.* Poesía. Miladis Hernández Acosta. $17.99
241. *Los caminos del agua*. Poesía. Armando López Carralero. $5.99

242. *Los cerezos de tu vientre*. Novela. Yasmín Sierra Montes. $15.99
243. *Los Césares perdidos*. Poesía. Odalys Leyva Rosabal. $6.99
244. *Los cuentos más tontos del mundo*. Narrativa. Ronel González Sánchez. $9.99
245. *Los días nuestros*. Poesía. Mayda Milián Ortiz. $6.99
246. *Los enanos de corazones*. Cuentos. Aymee Corominas. $5.99
247. *Los hilos de Ariadna*. Narrativa. José Antonio Martínez Coronel. $15.50
248. *Los imponderables reinos*. Poesía. Miladis Hernández Acosta. $5.99
249. *Los independientes de color*. Poesía. Armando Landa Vázquez. $9.99
250. *Los mapas del tiempo*. Poesía. Álex Padrón. $10.00
251. *Los maravillosos viajes de Globito*. Infantil ilustrado. Clara Lecuona Varela. $12.99
252. *Los misterios de la torre: El muerto del pozo*. Novela. Mario Luis López Isla. $9.99
253. *Los números*. Ilustrado para niños. Narely Plasencia Rodríguez. $9.99
254. *Los ojos tras la ventana*. Cuentos. Roberto J. González. $7.99
255. *Los peces no lloran*. Poesía. Julián Dimitri Tamayo Carbonell. $7.99
256. *Los remedios de Remedios.* Crónicas. Roberto Santiago González. $19.99
257. *Los sutiles vástagos*: poemas dispersos. Poesía. Milho Montenegro. $5.80
258. *Luna de aire.* Poesía infantil ilustrada. Yolanda Felicita Rodríguez Toledo.$9.99
259. *Lunaciones, antología personal*. Poesía. Rafael Vilches Proenza. $7.99
260. *Lunes primero.* Narrativa. Pablo Virgili Benítez. $5.99
261. *Luz de apocalipsis*. Poesía. Armando López Carralero. $7.99
262. *Luz de mágica sombra*. Poesía. Yasmín Sierra Montes. $5.90
263. *Luz y polvo en el granero*. Poesía. Reinol Cruz Díaz. $5.99
264. *Madre de cal*. Narrativa. Yasmani Rodríguez Alfaro. $ 7.99
265. *Malas palabras*. Poesía de Norge Sánchez. $7.99

266. *Manet y el paraíso de las pesadillas*. Novela. Titania Dreamer. $9.99
267. *Maravilloso zoológico*. Ilustrado para niños. Pilar Doris Gálvez Martínez. $12.99
268. *Más solo que la Luna*. Narrativa. José Alberto Collazo Oramas. $5.99
269. *Máscaras*. Poesía. Lázaro Alfonso Díaz. $5.99
270. *Mata*. Novela. Raúl Aguilar. $6.99
271. *Me declaro inocente*. Cuentos. Pedro Pablo Morejón López. $7.99
272. *Memorias de un kamikaze*. Poesía. Jorge Yassel Valdés Reyes. $6.99
273. *Memorias del abismo*. Poesía. Miladis Hernández Acosta. $5.99
274. *Miami, mi rincón querido. Antología ilustrada de cuento y poesía*. Eduardo René Casanova Ealo. $32.99
275. *Mirar, sufrir, gozar…La Habana*. Novela colectiva. Coordinador del proyecto: Lázaro Díaz Cala y Yoss. $11.99
276. *Misa de ratones: nueve monólogos teatrales*. Teatro. Edgar Estaco Jardón.$7.99
277. *Mitos y realidades*. Novela testimonio. José Ramón Crespo Jiménez. $7.99
278. *Modelando el verso*. Poesía. Salomón Leroux. $7.99
279. *Momentos*. Poesía. Bárbara Olivera Más. $5.99
280. *Morir en el fin del mundo*. Narrativa. Amador Hernández Hernández. $12.99
281. *Mujeres con testículos*. Narrativa. José Alberto Collazo Oramas. $9.99
282. *Mundo invisible. Poesía para todas las edades*. Ronel González Sánchez. $15.99
283. *Mundos paralelos y otros cuentos*. Narrativa. Gisela Lovio. $9.99
284. *Muros y otras historias del fin del mundo*. Narrativa. Clara Lecuona Varela. $5.99
285. *Músicos ambulantes*. Cuentos. Barbarella D´Acevedo. $9.99
286. *Nadar entre dos aguas*. Narrativa. José Alberto Collazo Oramas. $9.50
287. *Navegación Impasible*. Poesía. Eduardo René Casanova Ealo. $7.99

288. *Nietzsche, el mecenas*: *Yo no soy un hombre, soy dinamita.* Ensayo. Ángel Velázquez Callejas. $9.99
289. *No despierten a las mariposas*. Narrativa infantil. Teresa Medina Rodríguez. $7.99
290. *NoSéDónde y el País de las cosas perdidas*. Literatura para jóvenes. José Luis Riverón Rodríguez. $20.00
291. *Noventa minutos: Poemas y narraciones sobre fútbol*. Carlos Esquivel. $7.99
292. *Nuevos cortos del Pichi*. Narrativa. Rolando González Gil. $7.99
293. *Orgullo de isla.* Cuentos. Fernando Lobaina Quiala. $7.99
294. *Orgy o fear, Orgía del miedo*. Poesía bilingüe. Ismael Sambra. $7.99
295. *Otro invierno sin fósforos*. Poesía. Edgar Estaco Jardón. $5.99
296. *Pa'Cuba ni muerto*. Testimonio. Norge Sánchez. $9.00
297. *Pagar para ver.* Novela. Frank Correa. $12.99
298. *Páginas finales de la náusea.* Teatro. Miguel Terry Valdespino. $8.99
299. *País sin moscas y otros poemas.* Poesía Edición tapa dura. Félix Anesio. $19.99
300. *País sin moscas y otros poemas*. Poesía. Félix Anesio. $10.99
301. *Pan con mantequilla*. Cuentos. Ramón Díaz-Marzo. $8.99
302. *Paulette.* Cuentos. Osvaldo S. Reina Rodríguez. $9.99
303. *Pequeño diario de la Gran Zafra.* Testimonio. Carlos Julio Larramendi Rodes. $10.99
304. *Pero no me toques.* Narrativa. Bertha María Gómez Sedano. $5.99
305. *Perversas mujeres contra el muro. Colección erótica de cuentos*. Odalys Leyva Rosabal. $19.99
306. *Pesadilla, tragedia y fantasmas de neón*. Cuentos de ciencia ficción. Álex Padrón. $7.99
307. *Pesquería lunar*. Poesía infantil ilustrada. Jorge Morales Morales.$5.50
308. *Philosophia Naturalis Principia Poética Matemática*. Poesía. Armando Landa Vázquez. $7.50
309. *Piano Afinado*. Poesía. Norge Sánchez. $7.99
310. *Piedra para Obatalá*. Ensayo. Yoel Enríquez Rodríguez. $7.99

311. *Piedras a los varones*. Cuentos. Taimi Dieguez Mallo. $7.99
312. *Piezas para reparar un trino*. Teatro. René Fuentes. $9.99
313. *Pilares extendidos: diez maneras de conocer a José Martí*. Ensayo. Daniel Céspedes Góngora. $8.00
314. *Poemas breves para niños traviesos*. Poesía. Ángel Larramendi Mecías. $5.99
315. *Poetas cubanos en canarias*. *Antología*. Juan Calero Rodríguez. $9.99
316. *Por culpa del amor*. Novela. Teresa Medina Rodríguez. $15.99
317. *Por el camino verde:* Apreciación en décimas a la obra de José Suárez Verde. Ensayo. José Luis Riverón Rodríguez. $18.99
318. *Porque la lluvia no cesa*. Poesía. Yolanda Felicita Rodríguez Toledo. $5.99
319. *Porque los muros ya tienen moho*. Poesía. Yakelín Cárdenas García. $7.99
320. *Primigenios, el cuerpo lírico de una nación*. Semanario compilado por Eduardo René Casanova Ealo. $7.99
321. *Profecía maldita*. Novela. Rafael Martínez Castellanos. $7.99
322. *Puertas, boleros y cenizas*. Poesía. Yuray Tolentino Hevia. $6.99
323. *Pura coincidencia*. Cuentos. José Luis Pérez Delgado. $7.99
324. *Quirubín, el de Changa*. Novela. Noelio Ramos Rodríguez. $7.99
325. *Rabota*. Narrativa. Armando Landa Vázquez. $7.00
326. *Rani y la charca misteriosa*. Novela juvenil. Ana Rosa Díaz Naranjo. $9.99
327. *Recapitulación*. Poesía. Dorge Rodríguez Hernández. $7.99
328. *Retablos*. Poesía. Pedro Evelio Linares.$12.99
329. *Retazos*. Poesía. Ana Ivis Cáceres de la Cruz. $7.99
330. *Revisitación al Monte Fuji*. Poesía. Armando Landa Vázquez. $10.99
331. *Revolicuento*.com Cuentos. Rafael Grillo. $9.99
332. *Revoloteos*. Infantil ilustrado. María Ondina Niebla. $14.99
333. *Rostros de Hollywood en La Habana*. Crónicas. Leonardo Depestre Catony. $9.99
334. *Rostros*. Cuentos. Lisbeth Lima Hechavarría. $7.99
335. *Russian Brindis*. Teatro. Juan José Jordán. $5.99

336. *Salmos por Denisse*. Poesía. Yolanda Felicita Rodríguez Toledo. $3.99
337. *Salsiquieres city*. Narrativa. Teresa Medina Rodríguez. $5.99
338. *Saltarina y el majá rastrero*. Infantil ilustrado. Delsa López Lorenzo.$13.99
339. *Santa Fe y otros relatos teatrales*. Teatro. Edgar Estaco Jardón. $10.00
340. *Secuelas del caos*. Poesía. Ana Ivis Cáceres de la Cruz. $9.99
341. *Sexualidad femenina, el paraíso del placer*. Dr. Octavio Gárciga Ortega PhD. $12.99
342. *Siéntate y mira: Crítica, comentarios y ensayos sobre cine*. Crítica cinematográfica. Daniel Céspedes Góngora. $10.99
343. *Silencios de un especial periodo*. Poesía. Juan Francisco González-Díaz. $5.99
344. *Simplemente José Antonio*. Cuentos. Julio Alberto Medel. $9.99
345. *Sin oxígeno, sin Cristo*. Cuentos. Rogelio Riverón. $9.99
346. *Solo en medio del mundo*. Poesía. Norge Sánchez. $5.99
347. *Subdesarrollo Pérez, ¡Qué envolvencia!, El arte de la simulación*. Arístides Pumariega y Rebeca Ulloa. $12.99
348. *Temblor de hoja rota*. Poesía. Armando López Carralero. $7.99
349. *Thanatos y Eros*. Poesía. Álex Padrón. $7.99
350. *The Watchers*. Novela (en inglés). Asley L. Mármol. $15.99
351. *Tiempo*. Poesía de Bernardo Javier Castro Reyes. $7.99
352. *Todas las madrugadas*. Narrativa. Manuel Roblejo Proenza. $5.99
353. *Todos vivimos en Oz*. Cuentos. Edición de lujo. Marié Rojas Tamayo. $40.00.
354. *Todos vivimos en Oz*. Cuentos. Edición estándar. Marié Rojas Tamayo. $12.99
355. *Torres de marfil*. Narrativa. Yonnier Torres Rodríguez. $7.99
356. *Trampas de amor*. Poesía para niños. Carlos Ettiel. $14.99
357. *Tras el telón de celuloide*: *Acercamiento al cine cubano*. Crítica cinematográfica. Antonio Enrique González Rojas. $7.00
358. *Traumas*. Cuentos. Osmel Iglesia. $7.99
359. *Travesía al desnudo*. Poesía. Wendy Calderón Veloso. $5.99
360. *Tus luces sobre mí*. Narrativa. Maritza Vega Ortiz. $7.99

361. *Un grafiti en los ladrillos*. Poesía. Hansrruel Aldana Cabrera. $5.99
362. *Un pueblo con suerte*. Ilustrado para niños. Andrés Cobo García. $9.99
363. *Un rey sin corona*. Novela. Frank Correa. $7.99
364. *Un tren delirante*. Novela. Alina Moreno. $9.99
365. *Un triste cepillo de dientes*. Narrativa. Norge Sánchez. $7.99
366. *Una ciudad sin lágrimas*. Miriam Peña Leyva. $5.99
367. *Una cosa es con guitarra*. Poesía. José Luis Rodríguez Alba. $5.99
368. *Una mujer es...* Poesía. Juan Francisco González-Díaz. $5.50
369. *Uno por aquí y yo, en la pandilla del barrio*. Novela. Noelio Ramos Rodríguez. $7.99
370. *Username: Henry*. Ciencia ficción. Frank Hidalgo-Gato. $15.99
371. *Username: Henry*. Novela de ciencia ficción. Frank Hidalgo-Gato. $15.99
372. *Uvas para llevar a la boca*. Poesía. Lucy Maestre. $7.99
373. *Valbanera: Naufragio, misterio y leyenda*. Ensayo. Mario Luis López Isla. $12.99
374. *Vértigos*. Poesía. José Poveda Cruz. $5.99
375. *Vienen... vienen los americanos*. Cuentos. Rebeca Ulloa. $7.99
376. *Viento de cenizas*. Poesía. Miladis Hernández Acosta. $8.99
377. *Xarahlai La Gitana*. Narrativa. Xiomara Maura Rodríguez Ávila. $9.99
378. *Y a todo a media luz*. Narrativa. Teresa Medina Rodríguez. $6.99
379. *Ya comienza el otoño*. Haikus. Lázaro Alfonso Díaz Cala y Aida Elizabeth Montanarro Torres. $5.99
380. *Yo también soy ellas*. Poesía. Yuray Tolentino Hevia. $5.99

EDITORIAL PRIMIGENIOS
CORPUS LÍRICO DE UNA NACIÓN

www.ingramcontent.com/pod-product-compliance
Lightning Source LLC
LaVergne TN
LVHW010117170826
845678LV00012B/2446

* 9 7 9 8 8 2 6 3 0 9 7 7 3 *